5 4 3 2 1 99 98 97 96

Printed in Belgium
ISBN 3-7707-6378-5

Sigrid Heuck · Oda Johanna Fässler

Das Katzenfest

Ellermann Verlag

Hallo Leute!
Habt Ihr schon vom irren Leben
unserer Stadtkatzen-Clique gehört?

Nein? Nichts von unseren Festen, vom Blindekatz-Spielen
und nichts von Wuffinsky, diesem bekloppten Köter,
der ständig hinter uns her ist?

Nichts von der Superschau in der Katzen-Oper mit dem Auftritt des echt heißen Sängers Katzarotti?

Nichts von Mofarennen durch enge Gassen?
Und nichts vom Lauern auf Mauern, vom Zanken und Kreischen, Rennen und Schleichen, Hüpfen und Springen, vom Liedersingen und vielem mehr?

Ich kenne sie alle, die Mauerkünstler, Rollerblader, Skater und all die anderen. Als damals der Mäusepilot mit seiner fliegenden Kiste mitten auf der Kreuzung mit einer Prunkprotzkutsche zusammenstieß, das hab ich selbst miterlebt.
Daß unsere Lieblingsspeisen Hotdogs und Mouseburger sind und unser Lieblingsgetränk Red Cat, das dürfte allgemein bekannt sein.

Unser Vetter, das ist der Max. Eigentlich heißt er Maximilian und stammt aus Katzenhausen. Das ist ein kleines Kaff auf dem Land. Wer dorthin will, muß immer geradeaus marschieren, dreizehn Hügel übersteigen und danach rechtsum kehrt machen, und wenn er unterwegs nicht versackt, dann kommt er auch irgendwann dort an.

Eines Tages hatte Max
den Einfall, uns in der
Stadt zu besuchen:
»Hey, Kumpel«, maunzte
ich ihn an, »Klasse, dich
mal wiederzusehen!
Wie wär's mit 'nem
Peppermiez-Likör?«
»Prima Idee, altes Haus!«
maunzte der Max zurück,
bestaunte unser Outfit
und seufzte:
»Hätt' ich auch gern,
sowas!«

»Kannst Du haben«, schnurrte ihm Marilyn, meine derzeitige Lieblingsmieze, in die Lauscher und miaute gleich alle unsere Kumpels zusammen.

Und jeder brachte superbunte Klamotten mit.
Doch dem Max mit seiner Landkatzenstatur
paßten sie leider nicht.

Zum Trost beschlossen wir, ihm wenigstens das Rollschuhlaufen beizubringen. Er schnallte sich die Teile an und düste los.

Doch ehe er sich verguckte, rollten ihm die Pfoten davon.
Er versuchte, sie wieder einzuholen, hielt sich dabei an seinem eigenen Schwanz fest, prallte gegen eine Laterne, drehte sich um die eigene Achse und lag flach.
»Katzifix – Katzifix!« maunzte er, weil ihm der Peppermiez-Likör inzwischen in den Kopf gestiegen war.
»Super, der Max tanzt 'nen total guten Rollenpfotenplattler!« kreischte die ganze Clique.

Doch da tauchte auf einmal der bescheuerte Wuffinsky auf. Ihr wißt schon, das ist der, der ständig hinter uns her ist. Aber der Max, dem wir inzwischen endlich Stadtkatzen-klamotten verpaßt hatten, hat dieser Bestie ganz schnell gezeigt, wo's lang geht.

Echt Wahnsinn, wie schnell er ihn dazu brachte,
die Fliege zu machen.
Hätt' ich ihm nie zugetraut!

Kaum war Wuffinsky verschwunden, ächzte Max:
»Uff, jetzt brauch ich ’ne Maus!«

»Du tickst wohl nicht richtig?«
fauchte ich ihn an. »'Ne Maus!
Wie willst'n die kriegen?«
»Was?« plärrte er zurück.
»Ihr Doofis wißt nicht mal, wie man Mäuse fängt?«
Und dann begann er gleich, uns das Einmaleins
der Mäusejagd beizubringen.

Echt Klasse war das! Der Max war nämlich 'n unnachgiebiger Trainer. Nach dem theoretischen Unterricht hetzte er uns tierisch herum, zeigte uns, wie man Mäuse austrickst und rastete auch manchmal aus, wenn wir nicht schnell genug parierten.

Er zeigte uns, wie man sich die Krallen schärft und auf die Lauer legt, sich anschleicht und jagt, die Beute im Genick packt, und ihr das Fell über die Ohren zieht. Am Ende waren wir total fix und foxi.

Aber das Fest, das wir
dann feierten,
war rattenscharf!

Am nächsten Tag teilte Max uns mit, daß er unverzüglich wieder zurück müsse. Schließlich hätte er zuhause noch 'n Korb voller Kids zu ernähren. Wir brachten ihm unsere Abschiedsgeschenke, sogar die Wuffinskys blickten ihm traurig nach.
Dann schwang er sich auf sein Bike und wir miauten viele Male »Tschüß« und »Servus« und »Habe die Ehre« hinter ihm her.

»Bis dann«, maunzte der Max zurück. »Und merkt euch: Der Weg nach Katzenhausen ist leicht zu finden: Immer geradeaus, über dreizehn Hügel und rechtsum kehrt.

Da können sich sogar solche Doofis wie ihr nicht verlaufen!
Und wenn ihr mich besuchen kommt, dann gibt's Ferien auf dem
Bauernhof und wir machen 'ne Tour mit meinem Turbo-Diesel.